苏州市语言文字工作委员会办公室 编

YUYAN WENZI GUIFAN BIAOZHUN BAIWEN BAIDA

语言文字规范标准百问百答

● 主编 项春雷 王建军 徐国明 马培元

U0326518

苏州大学出版社
Soochow University Press

图书在版编目(CIP)数据

语言文字规范标准百问百答 / 项春雷等主编；苏州市语言文字工作委员会办公室编. —苏州：苏州大学出版社，2021.12
ISBN 978-7-5672-3823-7

Ⅰ. ①语… Ⅱ. ①项… ②苏… Ⅲ. ①汉语规范化—问题解答 Ⅳ. ①H102-44

中国版本图书馆 CIP 数据核字（2021）第 270336 号

书　　名：	语言文字规范标准百问百答
主　　编：	项春雷　王建军　徐国明　马培元
责任编辑：	刘诗能
装帧设计：	吴　钰
出版发行：	苏州大学出版社（Soochow University Press）
社　　址：	苏州市十梓街 1 号　邮编：215006
印　　装：	苏州工业园区美柯乐制版印务有限责任公司
网　　址：	http://www.sudapress.com
邮购热线：	0512-67480030
销售热线：	0512-67481020
开　　本：	890 mm×1 240 mm　1/32　印张：2.375　字数：52 千
版　　次：	2021 年 12 月第 1 版
印　　次：	2021 年 12 月第 1 次印刷
书　　号：	ISBN 978-7-5672-3823-7
定　　价：	25.00 元

凡购本社图书发现印装错误，请与本社联系调换。
服务热线：0512-65225020
苏州大学出版社邮箱　sdcbs@suda.edu.cn

《语言文字规范标准百问百答》
编辑委员会

主　编　　项春雷　　王建军
　　　　　徐国明　　马培元
撰稿人　　刘双双　　袁　也
　　　　　柯爱凤　　李子晗
审稿人　　王玲玲　　王家伦
　　　　　徐青根　　蒋祖霞
　　　　　吴　敏　　莫俊洪
　　　　　陈德泽　　汪利和

目录

第一部分　通识类问答　/　1

第二部分　地名类问答　/　9

第三部分　公文类问答　/　25

第四部分　标点符号用法、出版物数字用法类问答　/　33

第五部分　拼音类问答　/　44

第六部分　公共服务领域译写类问答　/　58

第一部分

通识类问答

苏苏：你知道我国的国家通用语言文字是什么吗？

州州：我知道！国家通用语言文字是普通话和规范汉字。

苏苏：那你知道具体怎么使用国家通用语言文字吗？

州州：这有什么难的！不就是讲好普通话、用好规范汉字吗？

苏苏：这里可大有讲究呢。让我们一起来看看吧！

1. "国家通用语言文字"的含义是什么？

答："国家通用语言文字"指普通话和规范汉字。国家推广普通话，推行规范汉字。

2. 教学中语言文字的使用要求是什么？

答：学校及其他教育机构通过汉语文课程教授普通话和规范汉字，使用的汉语文教材应当符合国家通用语言文字的规范和标准，对外汉语教学应当教授普通话和规范汉字。

3. 出版物语言文字的使用要求是什么？

答：汉语文出版物应当符合国家通用语言文字的规范和标准。汉语文出版物中需要使用外国语言文字的，应当使用国家通用语言文字作必要的注释。

4. 如果需要使用外国语言为播音用语，须经哪个部门批准？

答：须经国务院广播电视部门批准。

5. 哪些情形下可以保留或使用繁体字、异体字？

答：下列情形可以保留或使用繁体字、异体字：（1）文物古迹；（2）姓氏中的异体字；（3）书法、篆刻等艺术作品；（4）题词和招牌的手书字；（5）出版、教学、研究中需要使用的；（6）经国务院有关部门批准的特殊情况。当然，在仿古建筑和历史题材影视剧的背景道具中，也可以使用繁体字和异体字。

6. 外国人名、地名等专有名词和科学技术术语的外文译名可以随意翻译吗？

答：不能。外国人名、地名等专有名词和科学技术术语，应当使用由国务院语言文字工作部门或其他有关部门组织审定后的翻译名称。

7. 什么是普通话？为什么要大力推广普通话？

答：普通话又称现代标准汉语，是以北京语音为标准音、以北方话为基础方言、以典范的现代白话文著作为语法规范的国家通用语言。普通话是我国最重要的交际工具和信息载体，也是国家统一、民族团结、社会进步的重要基础。在建设有中国特色社会主义现代化的历史进程中，大力推广、积极普及全国通用的普通话，有利于克服语言隔阂和促进社会交往，对社会主义经济、政治、文化建设具有重要意义。

8. "普通话""国语""华语"是一码事吗？

答：这三个名称所指的内容基本相同，不过在通行范围上略有差异。"普通话"是目前中华人民共和国官方认可的汉语标准语名称；"国语"流行于民国时期，我国台湾地区现在依旧沿用该名称；"华语"是海外华人对汉语普通话的称呼。

9. 每年的"全国推广普通话宣传周"是什么时候？

答：经国务院批准，自1998年开始，每年9月第三周为"全国推广普通话宣传周"。

10. 推广普通话是否意味着不允许说方言了？

答：推广普通话并不是要消灭方言，而是倡导民众在会说方言的基础上，掌握好民族共同语。方言跟普通话一样，都是中华民族传统文化的重要载体。方言承载着丰富多彩的地域文化，体现着个性十足的风俗民情，在沟通亲情和乡情方面具有不可替代的独特作用。

11. 人们在什么情况下可以说方言呢？

答：根据《中华人民共和国国家通用语言文字法》，以下情况可以使用方言：国家机关工作人员执行公务时确需使用的，经国务院广播电视部门或省级广播电视部门批准的播音用语，戏曲、影视等艺术形式中需要使用的，出版、教学、研究中确需使用的。当然，在私人生活场合，使用方言是不受限制的。

12. 以普通话为工作语言的国家机关人员的普通话水平应当达到什么等级标准？

答：国家机关工作人员的普通话水平应当不低于三级甲等。

13. 广播电台、电视台的播音员和节目主持人，以及影视、话剧演员的普通话水平应当达到什么等级标准？

答：国家级和省级广播电台、电视台的播音员和节目主持人，其普通话应当达到一级甲等水平；其他广播电台、电视台的播音员和节目主持人，其普通话应当不低于一级乙等水平。

14. 社会用字的书写行款是怎样的？

答：横写行款由左至右、由上而下，竖写行款由上至下、由右向左。

15. 企业名称可以单独使用汉语拼音吗？

答：不可以。在公共场所和公共设施以及企业的名称、招牌，产品的包装、说明和广告中使用汉语拼音的，应当正确、规范并与汉字同时使用，不得单独使用汉语拼音。

16. 广告牌和面向公众的指示牌、标志牌、名称牌、招牌、公告牌等使用中文并同时使用外文的，中文和外文的排列顺序应该是怎样的？

答：横写时的排列规则为：上为中文，下为外文；竖写时的排列规则为：右为中文，左为外文。不得单独使用外文。

17. 公民姓名可以使用异体字吗？

答：公民姓名中的姓可以保留和使用异体字，名应当使用规范汉字。

18. 各类报纸、期刊、图书、音像制品、电子出版物的用语用字应当由哪个部门进行管理和监督？

答：应当由新闻出版部门进行管理和监督。

19. 国家颁布《语言文字工作督导评估暂行办法》的目的是什么？

答：颁布该法的目的是为了更好地实施《中华人民共和国国家通用语言文字法》，督促地方政府及其有关部门认真履行语言文字工作职责，进一步推动语言文字事业健康发展。

20. 语言文字工作督导评估采取哪些形式呢？

答：语言文字工作督导评估主要采取听取汇报、查阅资料、问卷调查、座谈访谈等形式，也可随机抽取若干国家机关、学校、新闻媒体、公共服务行业、城市街区、乡镇农村进行现场查看，并对相关从业人员进行抽样测试。

21. 方言和方言字可以作为学校及其他教育机构的教育教学用语用字吗？

答：学校及其他教育机构只有教学与研究中确需使用时才可以使用方言和方言字。《中华人民共和国教育法》和《中华人民共和国国家通用语言文字法》明确规定，国家通用语言文字为学校及其他教育机构的基本教育教学用语用字。

例1：教师在上课时必须使用普通话进行教学。（√）

例2：在讲解全浊声母时，王教授利用吴方言模拟声母的发音。（√）

例3：某乡村小学体育老师用当地话喊口令："一、二、三，立定！"（×）

22. 县级人民政府教育部门能够对本地中小学校的语言文字进行督导评估吗？

答：可以。中小学校语言文字督导评估由县级以上人民政府教育督导部门组织实施，语言文字部门积极配合。

例1：苏州工业园区星湾社区有权对本区内的中小学开展语言文字督导评估。（×）

例2：昆山市语委应该对本区内的中小学开展语言文字督导评估。（√）

23. 学校语言工作的总体目标是什么？

答：学校语言文字工作的总体目标是打造全社会语言文字规范化建设的示范标杆，培养学生的"一种能力"和"两种意识"。"一种能力"指的是语言文字应用能力。"两种意识"指的是自觉规范使用国家通用语言文字的意识和自觉传承弘扬中华优秀文化的意识。

24. 学校语言文字工作对教师的要求是什么？

答：教师应该熟悉党和国家的语言文字方针政策和法律法规，普通话水平达标（一般教师应不低于二级水平，语文教师应不低于二级甲等水平）；汉字应用规范、书写美观，具有一定的朗诵水平和书法鉴赏能力，熟练掌握相关语言文字规范标准；具有高度的文化自觉和文化自信，普遍具有自觉推广国家通用语言文字与中华优秀传统文化的意识和自豪感。

25. 学校语言文字工作对学生的要求是什么？

答：学校应当培养学生较强的语言文字应用能力、自觉规范使用国家通用语言文字的意识和自觉传承弘扬中华优秀文化的意识，即"一种能力、两种意识"。中小学生应具有良好的普通话口语表达能力，掌握相应学段应知应会的汉字和汉语拼音，具有与学段相适应的书面写作能力、朗读水平和书写能力；高校学生还应具有一定的书法鉴赏能力，具有对中华优秀文化的认同感、自豪感和自信心。

第二部分

地名类问答

苏苏：州州，你知道皮件厂宿舍在哪儿吗？

州州：嗯……让我好好想一想。你说的宿舍是在国贸街102号吗？

苏苏：国贸街那儿？嗯……我怎么依稀记得是在商业城北边？

州州：那我们打开地图查一查。

州州：咦？地图上居然显示它们不在同一个地方！

苏苏：地名能够随意使用吗？

州州：应该不能。我们还是一起来看看相关规定吧！

26. 地名的含义是什么？

答：地名是人类依其主观认识，赋予客观存在的特定地理实体的一种代号或标记。《江苏省地名管理条例》中纳入行政管理的地名包括：自然地理实体名称，行政区划名称，居民地名称，路、街、巷（里、弄、坊）等名称，大型建筑物（群）名称，专业经济区名称，台、站、港口（码头）、机场、桥梁、隧道、河道、堤坝等专业设施名称，公园、风景名胜区、历史古迹、纪念地等休闲旅游文化设施名称，门楼牌号以及具有重要方位意义的其他名称。

例：太湖是自然地理名称，苏州工业园区是专业经济区名称，苏州火车站是专业设施名称，苏州市吴江区是行政区划名称，苏州公园是休闲旅游文化设施名称，彩香新村属于居民地名称，东方之门大厦是大型建筑物（群）名称，干将西路是路、街、巷名称。

27. 地名管理的任务是什么？

答：地名管理是指地名机构以地名为对象，以地名工作法规和技术规范为依据，运用行政手段和专业技术措施，对社会一切组织、个人管理和使用地名的行为进行组织、协调与引导，为推动和实现地名标准化而开展的各项活动。推行并逐步实现地名标准化，是地名管理工作的根本任务。

28. 我国是如何对地名进行管理的呢？

答：国家对地名工作实行统一监督管理、分级负责制。县级以上地方人民政府地名行政主管部门负责本行政区域的地名管理工作。县级以上地方人民政府的公安、自然资源、住房和城乡建设、交通运输、水利、文化和旅游、市场监管、农林、新闻出版、语言文字工作等其他有关部门，按照本级人民政府规定的职责分工，负责本行政区域相关的地名管理工作。

29. 我国主管地名管理的是哪一个部门？

答：县级以上地方人民政府民政部门是本行政区域的地名主管部门。县级以上地方人民政府设立的地名委员会及其办公室，是本行政区域地名工作的协调机构，其日常工作由民政部门承担。

苏州市地名委员会的主要职责是：（1）贯彻执行国家有关地名工作的政策、法规，对本市地名实施宏观管理；（2）评审本市地名规划；（3）组织、协调各有关部门按职责分工设置各类地名标志；（4）评审本市吴文化地名保护名录。

例：属于苏州市地名委员会职责的是（　　　）

A. 指导和协调全国地名管理工作

B. 制定全国地名工作规划

C. 负责对地名命名、更名方案进行标准化核准

D. 评审本地地名规划

E. 评审本市吴文化地名保护名录

F. 对专业部门使用的地名实行监督和协调管理

G. 组织、协调各有关部门按职责分工设置各类地名标志

答：D、E、F。

30. 地名的命名可以使用人名吗？

答：《江苏省地名管理条例》第八条第五项规定："禁

止使用当代人名、国家领导人名、外国人名、外国地名和外文音译词命名地名。"

例1：苏州的公共设施可以使用类似"林肯公寓""马可波罗大厦""哥伦布广场"等含有外国人名或其简称的地名。(×)

例2：苏州开发的楼盘或小区可以使用诸如"威尼斯水城""雅典花园""拉德芳斯""玛斯兰德"等外国地名和外文音译词作为地名。(×)

31. 地名的命名可以使用生僻字吗?

答：不能。地名命名应使用规范汉字，符合汉语语法，通俗易懂，含义健康，避免使用生僻字。

例：拟命名的瑾瑞大厦，"瑾（jīn）"表示贵重的玉。该字不在《国家通用汉字表》内，不属于规范汉字，不能使用。(√)

32. 一个市、县内的地名可以重名吗?

答：不能。《江苏省地名管理条例》第九条规定，下列地名不得重名，并避免使用字形混淆、字音相同的词语：

（一）省内主要自然地理实体的名称；

（二）省内乡镇的名称（历史上已形成的除外）；

（三）同一设区的市内街道办事处的名称；

（四）同一县（市、区）内居民委员会、村民委员会的名称（历史上已形成的除外）；

（五）同一设区的市市区内、同一县（市）内住宅区、区片、路、街、巷（里、弄、坊）、桥梁、隧道、大型建筑物（群），以及公共场所、休闲旅游文化设施的名称。

例1：相邻县下属的乡、镇名称可以重名。(×)

例2：姑苏区的路、街、巷与张家港市的路、街、巷名称可以重名。(√)

33. 台、站、港口（码头）、机场等专业设施名称需要与所在地地名保持统一吗?

答：《江苏省地名管理条例》第八条第四项规定："用地名命名的专业设施名称，其专名应当与当地主地名一致。"第二十七条规定："省内地方铁路站、长途汽车站、轨道交通站站名应当使用当地标准地名命名；与当地标准地名并用其他名称的，其他名称应当置于当地标准地名之后。公共汽车站站名，一般应当使用当地标准地名命名；当地标准地名不足以明确指示该站地理位置信息的，可以使用风景名胜区、标志性建筑物或者与人民群众生产生活密切相关的其他名称命名。"

例：苏州轨道交通1号线原有"苏州乐园"站，后因"苏州乐园"搬迁，该站更名为"狮子山"站。

34. 标准地名由哪几部分组成？

答：标准地名一般由专名和通名两部分组成。专名是地名中用来区分地理实体个体的专有名词，通名是地名中用来区分地理实体类别的名词。专名词组和通名词组均不能单独使用作为地名。

例1：姑苏区、虎丘区、吴江区，它们的专名分别为"姑苏""虎丘""吴江"，三者的通名为"区"。

例2：独墅湖、金鸡湖、阳澄湖的专名分别为"独墅""金鸡""阳澄"，三者的通名为"湖"。

35. 中国地名的罗马汉字拼写以什么为拼写规范？

答：根据联合国第三届地名标准化会议通过的关于采用《汉语拼音方案》作为中国地名罗马字母拼法的国际标准，汉语地名的罗马字母拼写和标注，应当遵循国家公布的《汉语拼音方案》和《中国地名汉语拼音字母拼写规则》。

36. 地名如何进行拼写？

答：汉语地名中的专名和通名要分写，各部分首字母要大写；专名与通名的单音节附加成分与相关部分要连写。

例1：Sūzhōu Shì（苏州市）（专名和通名分写）。

例2：Wèidàoguànqián（卫道观前）（单音节附加成分与相关部分连写）。

37. 公共服务领域中场所和机构名称的通名英文译写应该遵循怎样的规范？

答：场所和机构名称是指公共服务领域中具有对外服务功能的公共场所、经营机构、管理机构、企事业单位等的名称。其通名一般使用英文翻译；专名是单音节时，其通名部分可视作专名的一部分，先与专名一起用汉语拼音拼写，然后用英文重复翻译；通名在原文中省略的，应视情况补译。

例1："华联超市"可译为"Hualian Supermarket"（通名一般使用英文翻译）。

例2："豫园"可译为"Yuyuan Garden"（专名是单音节时，其通名部分可视作专名的一部分，先与专名一起用汉语拼音拼写，然后用英文重复翻译）。

例3："同得兴（面馆名）"可译为"Tongdexing Noodle Restaurant"（通名在原文中省略的，应视情况补译）。

38. 新建和改建的城镇街巷、居民区对命名有何要求？

答：为加强地名的指位作用，新建和改建的城镇街巷、居民区应按照层次化、序列化、规范化的要求予以命名。

例：苏州工业园区的最初设计主要体现"中新合作"的理念，形成了以"星（新加坡又称'星洲'）""苏（园区建在苏州）"分别领衔的组合系列道路地名。纵向为"星"字与全国大城市名组合系列，称街，由西向东依次为星（昆）明街、星兰（州）街、星（成）都街、星桂

(林)街、星海(口)街、星(太)原街、星(武)汉街、星(贵)阳街、星(广)州街、星(香)港街;横向为"苏"字与苏州古园林名组合系列,称路,由南向北依次为苏桐路(桐园,在甫桥,王世材筑,祝枝山有记)、苏茜路(茜园,在太仓茜泾,元末明初顾德辉宅第)、苏惠路(惠荫园,在姑苏区南显子巷,明代园林,园内有惠荫八景)、苏绣路(绣谷园,在阊门内后板厂,清代蒋氏家园)、苏慕路(慕园,原姑苏区富仁坊巷邮电局,太平天国慕王府花园)、苏春路(春锦园,在姑苏区皇废基后,原为张士诚弟张士信宅第)、苏虹路(石虹园,在姑苏区南仓桥东北,明末许方伯宅第)。

39. 门牌号是如何进行编制的?

答:门牌号由公安部门统一编制。公安部门拟定的门牌编号方案,应当征得当地地名主管部门同意。门牌号顺序按照道路走向从东到西、从南到北、左单右双的原则进行编排;只须对道路一侧门牌编号的,按照自然顺序编排。住宅区楼幢号,按照楼幢排列规则编排。门牌号的编排不得无序跳号、同号。相邻建筑物的间距超过规定标准的,应当预留备用的门牌号。

40. 一地多名、一名多写的情况应该怎么处理?

答:一地多名、一名多写的,应当确定一个统一的名称和用字。

例1：通安镇的"金墅"，有的写作"金市"，应该对照历史记载统一写作"金墅"。

例2：横塘街道西北有横山，又作"黄山""笔架山"，今统一定名为"横山"。

41. 遇到哪种情况时，地名必须进行更改？

答：A. 有损我国领土主权和民族尊严的地名

B. 带有民族歧视性质和妨碍民族团结的地名

C. 带有侮辱劳动人民性质的地名

D. 违背国家方针、政策的地名

E. 极端庸俗的地名

例1：在苏州可以使用"伊顿小镇""雷迪森广场""唐宁府""托斯卡纳"等外国地名和外文音译词的地名。（×）

例2：任何楼盘不得使用"皇庭御景""皇家府邸""铂金御府"等带有封建色彩的地名。（√）

42. 地名命名、更名的审批权限和程序是怎样规定的？

答：《江苏省地名管理条例》第十四条规定，自然地理实体名称的命名、更名应按照下列权限办理：

（一）国内外著名的自然地理实体名称，报国务院批准；涉及邻省（直辖市）的，经与邻省（直辖市）人民政府协商一致后，报国务院批准；

（二）涉及本省两个以上设区的市的自然地理实体名称，由相关设区的市人民政府协商一致后，报省人民政府批准；

（三）涉及同一设区的市内两个以上县（市、区）的自然地理实体名称，相关县（市、区）人民政府协商一致后，由设区的市人民政府批准；

（四）设区的市市区内的自然地理实体名称，由设区的市人民政府批准；

（五）县（市）内的自然地理实体名称，由县（市）人民政府批准。

第十五条规定："行政区划名称、街道办事处名称的命名、更名，按照国家行政区划管理等有关规定办理。居民委员会、村民委员会名称的命名、更名，由县（市、区）人民政府批准，报上一级地名主管部门备案。"

第十六条规定："设区的市市区内的居民地和路、街名称的命名、更名，由设区的市人民政府批准；巷（里、弄、坊）、大型建筑物（群）名称的命名、更名，由设区的市人民政府或者其授权的地名主管部门批准。

县（市）内的居民地和路、街名称的命名、更名，由县（市）人民政府批准；巷（里、弄、坊）、大型建筑物（群）名称的命名、更名，由县（市）人民政府或者其授权的地名主管部门批准。"

第十七条规定："门楼牌号的编排和审定，由建设单位或者建房个人提出申请，由设区的市、县（市）人民政府授权地名主管部门或者公安机关办理。"

第十八条规定："（专业）地名的命名、更名，按照隶属关系和管理权限，由有关单位向专业主管部门提出申请。专业主管部门批准前应当征求所在地地名主管部门的意见，批准后报所在地地名主管部门备案。"

43. 面对擅自命名、更名或使用不规范地名的单位和个人，各级地名管理部门应如何处理？

答：《江苏省地名管理条例》第四十五条规定："擅自对地名命名、更名的，由地名主管部门或者专业主管部门责令限期改正，并可以处二千元以上一万元以下罚款；情节严重的，处一万元以上三万元以下罚款。"

第四十七条规定："房地产建设单位、销售单位发布的房地产广告中的地名与申请人提供的标准地名批准文件上的地名不一致的，由地名主管部门责令限期改正，并可以处二万元以上十万元以下罚款。"

44. 应该如何处理汉语地名中存在的方言俗字情况？

答：汉语地名中的方言俗字，一般用字音（或字义）相同或相近的通用字代替。对原有地名中带有一定区域性或特殊含义的通名俗字，经国家语言文字工作委员会审音定字后，可以保留。

例1："溇"在吴语中指田间的水沟、水渠，现在仅固化在地名中。苏州工业园区唯亭镇有6个叫"××溇"的自然村，后人因不知道"溇"的确指含义，大多写作同音字"娄"。

例2：苏州地区有一些自然村地名叫"××上"，这个"上"在吴方言中读作"郎"（一些古籍家谱按音写作"郎"，也写作"廊"）。按照字义，"上"表示"这个地方"，譬如天上、地上。在确定标准地名时，地名专家没有采用吴方言语音俗字"郎"或"廊"，而将此类地名统一定为"×上""××上"，譬如光福镇的"窑上"、胥口镇的"顾家上"等。

45. 吴文化地名的含义是什么？

答：吴文化地名是指具有吴地区域特征和历史、人文价值的地名。

例1：拙政园。拙政园是苏州现存最大的一座江南古典园林。明正德四年（1509），御史王献臣罢官回到老家苏州，在城东原大弘寺旧址上修建了"拙政园"，取晋代潘岳《闲居赋》中"筑室种树，灌园鬻蔬，此亦拙者之为政也"之意而名。

例2：十全街。十全街原名"十泉街"。据清同治《苏州府志》载："十泉街，旧传有古井十口，故名。"清乾隆皇帝六次南巡，均驻跸于带城桥下塘的苏州织造府行宫内，十泉街是必经之地。因乾隆皇帝自号"十全老人"，便将街名改称"十全街"。

46.《吴文化地名保护名录》是如何制定的？

答：《吴文化地名保护名录》由市、县级市地名主管部门根据吴文化地名评定标准提出，同级地名委员会评审，经公示后由同级人民政府批准公布。该名录可以视情增补。

例：经苏州市人民政府批准，第一批、第二批《苏州市吴文化地名保护名录》分别于2014年1月、2019年1月公布，共收录吴文化地名2198条。

47. 吴文化地名保护的原则是什么？

答：吴文化地名保护应当坚持使用为主、注重传承的原则。相关规定如下：《吴文化地名保护名录》中在用地名的更名应当严格控制；《吴文化地名保护名录》中不再使用的地名应当按照地域就近原则优先采用；未被采用的，应当采取挂牌立碑等措施加以保护；拆除或者迁移《吴文化地名保护名录》中地名所指称的地理实体的，有关部门应当事先会同地名主管部门制订地名保护方案。

例1：苏州采用就近的原则，把一些地理实体已不复存在的历史街巷的名称移植使用到附近新建的居民区和社区，从而"复活"了一批老地名，如西北街以南的敬文里、善耕里等。

例2：2019年，苏州在平江路历史文化街区等区域，设置首批"苏州市吴文化地名保护名录"地名标志161块，详尽记述该地名的来历、含义和演变等情况，宣扬苏州地名文化。

48. 负责编纂本行政区域或本系统内标准化地名工具图书的是哪一个部门?

答:市、县级市地名主管部门和交通、水利、园林等专业主管部门负责编纂本行政区域或者本系统的标准地名出版物,并及时向社会提供标准地名。其他部门不得编纂标准地名工具图书。

49. 地方人民政府有权责成有关部门在必要的地方设置地名标志。地名标志对材质、规格、形式有何要求?

答:地名标志的材质、规格、形式应当符合国家标准《地名 标志》(GB17733—2008)中的相关规定。纪念地和旅游地地名标志除符合国家标准外,其设置形式可以体现当地风貌。

例:苏州火车站的地名标志具有古典园林特色。(图1)

图1 苏州火车站的地名标志

50. 如何设置纪念地和旅游地的地名标志?

答： 纪念地和旅游地的地名标志应当设在纪念地和旅游地的主要出入口处。

例：网师园的地名标志设置在其入口。（图2）

图2　网师园

51. 地名标志为国家法定的标志物。对于损坏地名标志的，地名管理部门应当怎么处理？

答：《江苏省地名管理条例》第四十六条规定："未按国家规范书写、拼写、标注标准地名的，由地名主管部门责令限期改正，并可以处二百元以上一千元以下罚款。"

第四十九条规定："涂改、玷污、遮挡地名标志的，由地名主管部门、公安机关或者专业主管部门责令限期改正，并可以处二百元以上一千元以下罚款；损毁、擅自移动、拆除地名标志的，由地名主管部门、公安机关或者专业主管部门责令限期改正，并可以处一千元以上五千元以下罚款；造成损坏的，依法承担赔偿责任；构成违反治安管理行为的，依法给予治安管理处罚。"

第五十条规定："建设单位未按照有关规定重新设置地名标志的，由地名主管部门或者专业主管部门责令限期改正，并可以处一千元以上五千元以下罚款。"

52. 我国地名繁多复杂，将地名归入档案后，应当如何进行地名档案的管理？

答：地名档案的管理按照国家民政部、国家档案局《地名档案管理办法》的有关规定执行。民政部《地名管理条例实施细则》规定："全国地名档案工作由民政部统一指导，各级地名档案管理部门分级管理。地名档案工作在业务上接受档案管理部门的指导、监督。""各级地名档案管理部门保管的地名档案资料，应不少于本级人民政府审批权限规定的地名数量。""各级地名档案管理部门，要在遵守国家保密规定原则下，积极开展地名信息咨询服务。"

第三部分 公文类问答

苏苏：州州，今天学校下发了通告，专门对此次参与抗疫的志愿者进行表彰。

州州：这是他们应得的荣誉！但是，苏苏，这个不叫通告，应该叫通报。

苏苏：这……这有啥区别？

州州：那当然有区别啦！看来你对公文知识的了解还不够啊！让我来详细和你说说吧！

53. 公文的种类有哪些？

答：公文包括决议、决定、命令（令）、公报、公告、通告、意见、通知、通报、报告、请示、批复、议案、函、纪要等。

例1：适用于表彰先进、批评错误、传达重要精神和告知重要情况的公文是通报。（√）

例2：适用于发布、传达要求下级机关执行和有关单位周知或者执行的事项的公文是通告。（×，应该是通知）

例3：适用于在一定范围内公布应当遵守或者周知的事项的公文是通告。（√）

例4：关于×××的请示报告。（×）

54. 向上级机关行文，需要抄送下级机关吗？

答：不需要。原则上主送一个上级机关，根据需要同时抄送相关上级机关和同级机关，但不需要抄送下级机关。

55. 公文的秘密等级可分为几种？

答："绝密""机密""秘密"。

例：高考的试题（包括带试题内容的答题卡、副题）在启封前属于国家绝密级材料。（图3）

图3　高考试卷袋

56. 签收公文的正确流程是什么？

答：正确流程是：对收到的公文应当逐件清点，核对无误后签字或者盖章,并注明签收时间。发现问题,须及时向发文机关查询,并采取相应的处理措施。

57. 对收到的公文应当进行初审。初审的重点是什么?

答:初审重点有五个方面:是否应当由本机关办理,是否符合行文规则,文种、格式是否符合要求,涉及其他地区或者部门职权范围内的事项是否已经协商、会签,是否符合公文起草的其他要求。

58. 发文字号由哪些部分组成?

答:发文字号由发文机关代字、年份、发文顺序号组成。联合行文时,使用主办机关的发文字号。

例:"中办发〔2012〕14号"指的是中共中央办公厅在2012年向下级机关公开下发的第14号文件。(图4)

图4 发文字号

59. 公文的份号指的是什么?

答:份号是公文印制份数的顺序号。

例:份号一般用6位3号阿拉伯数字标注。(图5)

```
000001
机密★1年
特急
```

图 5　份号

60. 涉密公文应当如何标注?

答: 涉密公文应当标注份号,一般用 6 位 3 号阿拉伯数字,顶格编排在版心左上角第一行;根据涉密程度分别标注"绝密""机密""秘密"和保密期限,顶格编排在版心左上角第二行。

61. 签发人签发公文,应当签署什么?

答: 应当签署意见、姓名和完整日期。

62. 机关撤销时,公文应当如何处理?

答: 机关撤销时,需要归档的公文经整理后按照有关规定移交档案管理部门,其他公文按照有关规定登记销毁。

63. 公文格式各要素一般用几号仿宋字体?

答: 3 号。

64. 公文的装订是在哪一侧？

答：左侧。

65. 公文用纸一般使用哪种型号？

答：A4 型。

66. 公文首页红色分割线以上的部分称为什么？

答：版头。

例：公文首页的板式。（图 6）

图 6　公文首页的板式

67. 联合行文时，如需同时标注联署发文机关名称，一般应当将哪一个机关名称排列在前？

答：应当将主办机关名称排列在前。

68. "签发人"三字和签发人姓名分别用什么字体？

答："签发人"三字用 3 号仿宋体字，签发人姓名用 3 号楷体字。

69. 主送机关编排于哪个位置？

答：主送机关编排于标题下空一行位置。

70. 正文中的结构层次序数应该如何标注？

答：应该依次标注"一、""（一）""1.""（1）"。

71. 附件名称后面需要加标点符号吗？

答：不需要。

72. 成文日期中的数字怎么标识？

答：用阿拉伯数字将年、月、日标全，年份应标全称，月、日不编虚位（即 1 不编为 01）。

73. 公文页码一般用4号半角宋体阿拉伯数字，编排在公文版心下边缘之下，数字左右各放一条一字线；一字线上距版心下边缘10毫米。这种说法对吗？

答：错误。一字线上距版心下边缘7毫米。

例：页码位置如图7所示。

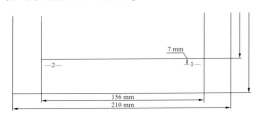

图7　页码

74. 如有附注，居左空两字加方括号编排在成文日期下一行。这种说法对吗？

答：错误。应当是加圆括号。

75. 如附件与正文不能一起装订，应当怎么处理？

答：装订时应当在附件左上角第一行顶格编排公文的发文字号并在其后标注"附件"两字及附件顺序号。

76. "附件"这两个字及附件顺序号应该用几号字？顶格编排在版心左上角第几行？

答：应该用3号黑体字，排在版心左上角第一行。

77. A4纸型的表格横排时,页码位置与公文其他页码是否保持一致?

答:是。

78. 颁发命令时,发文机关标志由发文机关全称加什么字组成?

答:"命令"或"令"字。

79. 纪要标志由什么组成?

答:由"××××× 纪要"组成。

80. 标注出席人员名单,一般使用几号黑体字?

答:3号。

81. 联合行文时,使用哪个机关标志?

答:主办机关名称排列在前。

82. 信函首页是否需要显示页码?

答:不需要。

第四部分

标点符号用法、出版物数字用法类问答

苏苏：州州，你试卷上的这道题写错了！

州州：怎么会？四大名著难道不是《三国演义》、《水浒传》、《西游记》、《红楼梦》吗？

苏苏：是你的标点符号用错了！

州州：错在哪里了呀？

苏苏：根据国家2012年6月1日施行的《标点符号用法》，此处书名号之间是不能加顿号的。

州州：是吗？我以前都没有留意呢！你能给我多讲讲使用标点符号、数字时需要注意的地方吗？

苏苏：没有问题！下面就让我们一起看看吧。

83. 句子里有"什么"等疑问词时，句末一定用问号吗？

答：不一定。因为使用问号应当以句子是否表示疑问语气为依据，而不是看句子中是否有疑问词。当句子不表示疑

问语气时,句末就不用问号。

例1:我也不知道小张究竟跑到什么地方去了?(×,问号应改为句号)

例2:他们的行为举止、审美趣味,甚至读什么书,坐什么车,都在媒体掌握之中。(√)

例3:谁也不见,什么也不吃,哪儿也不去。(√)

84. 词语或短语并列的时候,只能使用顿号吗?

答:不是的。顿号和逗号都可以使用在并列结构中,它们的区别在于:顿号表示的停顿较短,逗号表示的停顿较长。并列词语之间的停顿一般用顿号,但当并列词语较长或其后有语气词时,为了表示稍长一点的停顿,也可用逗号。

例1:我喜欢的颜色有黑色,蓝色,红色和白色。(×,逗号应改为顿号)

例2:我们需要了解全局和局部的统一、必然和偶然的统一、本质和现象的统一。(×,顿号应改为逗号)

例3:看游记的时候最难弄清位置和方向,前啊,后啊,左啊,右啊,看了半天,还是不明白。(√)

85. 使用顿号还有什么需要注意的地方?

答:如果句子中并列各项之间具有顺序关系,用顿号,不用逗号。用阿拉伯数字表示年、月、日的简写形式时,用短横线连接号,不用顿号。

例1：这种药需要在早，中，晚三餐之前的半个小时服用。（×，逗号应改为顿号）

例2：2021、09、01。（×，顿号应改成短横线连接号）

86. 网上经常看到有人连用感叹号、问号，它们都可以无限制使用吗？

答：不可以。当没有异常强烈的情感表达需要时，不宜叠用问号和感叹号；在多个问句或感叹句连用表达特别强烈的语气时，才可以叠用问号或感叹号。通常应先单用，再叠用，最多叠用三个问号。

例：这就是你的做法吗？？你这个总经理是怎么当的？？你怎么竟敢这样欺骗消费者？？（×，三个分句末尾的问号应该先单用，再叠用，最后用三个问号）

87. 省略号的使用是否也有限制？

答：省略号最多只能两个连用（十二个点）。一般在标示诗行、段落的省略时，可连用两个省略号。

例：从隔壁房间传来缓缓而抑扬顿挫的吟咏声——
床前明月光，疑是地上霜。
……………（×，应删去一个省略号）

88. 感叹号和问号放在一起使用符合标点符号规范吗？

答：可以的。当句子包含疑问、感叹两种语气且都比较强烈时（如带有强烈感情的反问句和带有惊愕语气的疑问句），可在问号后再加叹号（问号、叹号各一）。

例：这么点困难就能把我们吓倒吗!？（×，感叹号和问号的顺序应该互换）

89. 两个引号或者书名号之间究竟能不能用顿号呢？

答：根据最新一版标点符号规范用法，标有引号或书名号的并列成分之间通常不用顿号。如果有其他成分插在并列的引号或书名号之间（如引语或书名号之后还有括注），一般要用顿号。

例1：店里挂着"顾客就是上帝"、"质量就是生命"等横幅。(×，引号间的顿号应删去)

例2：《三国演义》、《水浒传》、《西游记》、《红楼梦》是我国的四大古典名著。(×，书名号间的顿号应删去)

例3：罗贯中的《三国演义》、施耐庵的《水浒传》、吴承恩的《西游记》和曹雪芹的《红楼梦》是我国的四大古典名著。(√)

例4：李白的"白发三千丈"（《秋浦歌》）、"朝如青丝暮成雪"（《将进酒》）都是脍炙人口的诗句。(√)

例5：办公室里订有《人民日报》（海外版）、《光明日报》和《时代周刊》等报刊。(√)

90. 这张图下的说明文字中，标点符号使用是否得当呢？

图8　经过治理，本市市容市貌焕然一新。这是某街区一景。

答：不对。图或表的短语式说明文字，中间可用逗号，但末尾不用句号。即使有时说明文字较长，前面的语段已出现句号，最后结尾处仍然不用句号。

91. 同样是"××"事变，为什么"九一八"事变和"一·二八"事变的写法不一样呢？

答：当以月、日为标志的事件或节日，用汉字数字表示时，只在"一""十一""十二"后用间隔号；当直接用阿拉伯数字表示时，月、日之间均用间隔号。

例1："五四"运动（√）

例2："一二·九"运动（√）

例3："315"消费者权益日（×，应改为"3·15"）

92. "书名号"虽然称作书名号，但并不仅仅用于书名。它还有什么其他用法吗？

答：除了用来表示书名外，它还可以用于卷名、篇名、报刊名、文件名、影视名、歌曲名、诗词名、雕塑名、节目名、栏目名、图片名等。

例：《史记·项羽本记》（卷名）、《论雷峰塔的倒掉》（篇名）、《每周关注》（刊物名）、《人民日报》（报纸名）、《全国农村工作会议纪要》（文件名）、《渔光曲》（电影名）、《追梦录》（电视剧名）、《勿忘我》（歌曲名）、《沁园春·雪》（诗词名）、《东方欲晓》（雕塑名）、《光与影》（电视节目名）、《社会广角镜》（栏目名）、《庄子研究文献数据库》（光盘名）、《植物生理学系列挂图》（图片名）。

93. 课程名称能不能用书名号？比如，"下学期本院将开设《语言学概论》《古代汉语》两门课程"，用得对吗？

答：这样用是不正确的。除此以外，还有一些情况不能用书名号，比如课题、奖品奖状、商标、证照、组织机构、会议、活动等。

例1：明天将召开《关于"两保两挂"的多视觉理论思考》课题立项会。（×）

例2：本市将向70岁以上（含70岁）老年人颁发《敬老证》。（×）

例3：本校共获得《最佳印象》《自我审美》《卡拉OK》等六个奖杯。（×）

例4：《闪光》牌电池经久耐用。（×）

例5：《文史杂志社》编辑力量比较雄厚。（×）

例6：本市将召开《第六届食品质量安全研讨会》。（×）

94. 书名号有时会和括注放在一起。比如，应该写"《琵琶行（并序）》"还是写"《琵琶行》（并序）"呢？

答：前一个是对的。如果括注是书名、篇名等的一部分，应放在书名号之内，反之则应放在书名号之外。

例1：《中华人民共和国民事诉讼法》（试行）（×，括注应放到书名号内）

例2：《百科知识（彩图本）》（×，括注应放到书名号外）

例3：《新政治协商会议筹备会组织条例（草案）》（√）

例4：《人民日报》（海外版）（√）

95. 圆括号在生活中出现的地方不少，你能给我总结总结用法吗？

答：可以。我就跟你边举例子边说明吧！

(1) 标示注释内容或补充说明。

例1：我校拥有特级教师（含已退休的）17人。

例2：我们不但善于破坏一个旧世界，我们还将善于建设一个新世界！（热烈鼓掌）

(2) 标示订正或补加的文字。

例3：信纸上用稚嫩的字体写着"阿夷（姨），你好！"。

例4：该建筑公司承担的工程全部达到优良工程（的标准）。

(3) 标示序次语。

例5：语言有三个要素：（1）声音；（2）结构；（3）意义。

(4) 标示引语的出处。

例7：他说得好："未画之前，不立一格；既画之后，不留一格。"（《板桥集·题画》）

(5) 标示汉语拼音注音。

例8："的（de）"这个字在现代汉语中最常用。

96. 方头括号、六角括号和方括号各有什么作用？

答：方括号一般用来标示作者国籍或所属朝代；方头括号通常放在报刊标示电讯、报道的开头；六角括号是用来标示公文发文字号中的发文年份的。

例1：［英］赫胥黎《进化论与伦理学》（√）

例2：【新华社南京消息】（√）

例3：国发〔2011〕3号文件。（√）

97. 今天是2021年7月24日，阴历辛丑年六月十五日。阳历大家都用阿拉伯数字，阴历都用汉字，这是一种约定俗成的区分吗？

答：你的观察很正确。干支纪年、农历月日、历史朝代纪年及其他传统上采用汉字形式的非公历纪年等，一般都采用汉字数字。

例1：丙寅年十月十五日、庚辰年八月五日、腊月二十。（√）

例2：正月初5、八月十五中秋。（×，应作"正月初五"）

例3：秦文公44年。（×，应作"四十四年"）

98. "十一届全国人大一次会议"不能写作"11届全国人大1次会议"，是这样吗？

答：对。如果要突出简洁醒目的表达效果，应该使用阿拉伯数字；但如果要突出庄重典雅的表达效果，就应该使用汉字数字。

例1：北京时间2021年7月1日13时59分。（√）

例2：6方会谈（×，应改为"六方会谈"）

99. 表示概数的时候,比如"三四个月前",好像也很少用阿拉伯数字?

答:是的。数字连用表示的概数、含"几"的概数,一般都采用汉字数字。

例:75、6 岁的老爷爷。(×,应作"七十五六岁")

100. 阿拉伯数字与汉字数字有可以同时使用的情况吗?

答:有的。如果一个数值很大,数值中的"万""亿"单位可以采用汉字数字,其余部分采用阿拉伯数字。除此以外,不能同时采用阿拉伯数字与汉字数字。

例1:我国 1982 年人口普查人数为 10 亿零 817 万 5288 人。(√)

例2:108 可以写作"一百零八",但不应写作"1 百零8"或"一百08"。(√)

例3:4000 可以写作"四千",但不能写作"4 千"。(√)

101. 在网络上看到"2020-12"这种写法,这样写对吗?

答:不对。写具体日期的时候,完整的年、月、日确实可以用"-"替代,但如果三者中缺一个,则不可替代。

例:"8月8日"不能写作"8-8","2008年8月"不能写作"2008-8"。(√)

102. "〇"也属于汉字吗？它和"零"有什么区别呀？

答： 是的，"〇"和"零"都是阿拉伯数字"0"的两种汉字书写形式。当"0"用作计量时，它的汉字书写形式为"零"；当它用作编号时，汉字书写形式为"〇"。

例1："3052（个）"的汉字数字形式为"三千零五十二"（不写为"三千〇五十二"）。（√）

例2："95.06"的汉字数字形式为"九十五点零六"（不写为"九十五点〇六"）。（√）

例3："公元2012（年）"的汉字数字形式为"二〇一二"（不写为"二零一二"）。（√）

第五部分

拼音类问答

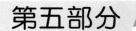

苏苏：州州，你知道"liùrújūshì"是谁吗？

州州：当然知道了。这是我们苏州才子唐伯虎嘛，"六如居士"是他的号，这可难不倒我！不过，你的拼音不规范哦！

苏苏：我的拼写明明是正确的，哪里不规范了？

州州：汉语中四音节以上不能分出姓和名的人名，要按语义结构或语音节律分写，各分开部分的开头字母大写。所以，"六如居士"规范的拼写应该是"Liùrú Jūshì"才对。

苏苏：哇，长知识了！关于拼音还有哪些需要注意的呢？你快教教我吧！

州州：没问题。我们一起来学习一下。

103. 汉语拼音的书写单位是什么？

答：根据规则，汉语拼音拼写普通话必须以词为书写单位。

例：rén（人）　pǎo（跑）

sīchóu（丝绸）　　hǔqiū（虎丘）

104．汉语拼音对使用连接号有哪些要求？

答：为了便于阅读和理解，某些并列的词、语素之间或某些缩略语当中可用连接号。

例1：zhōng-xiǎoxué（中小学）（并列的语素之间加连接号）

例2：dì-sānbǎi wǔshíliù（第三百五十六）（数词与前面表示序数的"第"中间加连接号）

例3：yīèr-jiǔ（一二·九）（代表月、日的数词，中间加连接号）

例4：bā-jiǔ tiān（八九天）（两个邻近的数字并列表示约数，中间加连接号）

例5：qiān-bǎi cì（千百次）（两个邻近的表位数的单位并列表示约数，中间加连接号）

例6：píngfēn-qiūsè（平分秋色）（结构上可以分为两个双音节的成语，中间加连接号）

例7：Zhèng-Lǐ Shūfāng（郑李淑芳）（由双姓组合作为姓氏部分，双姓中间加连接号）

105．汉语拼音关于字母大写有哪些规则？

答：句子开头的字母大写，专有名词首字母大写。在某些场合，专有名词的所有字母可全部大写。

例1：Sūzhōu shì wúwénhuà de zhòngyào fāyuándì. (苏州是吴文化的重要发源地。)

例2：Sūzhōu Rìbào（苏州日报）

例3：XIÀNDÀI HÀNYǓ CÍDIǍN（现代汉语词典）

106. 汉语声调的标注有点复杂，你能给我讲讲吗？

答：没有问题。汉语的声调符号标在一个音节的主要元音（韵腹）上。韵母 iu、ui 的声调符号标在后面的字母上。声调符号标在 i 上时，应省去 i 上的小点。

例1：xīnxiān（新鲜）（声调标在主要元音上；在 i 上标声调符号时省去 i 上的小点）

例2：xiùqiú（绣球）（韵母 iu，ui 的声调标在后面的字母上）

107. 有时书写的拼音很长，需要移行。移行需要遵守哪些规则呢？

答：移行要按音节分开，在没有写完的地方加连接号。要注意音节内部不可拆分，缩写词不可移行。

例：guāngmíng（光明）可以移作"……guāng-míng（光明）"

108. 表示一个整体概念的音节结构都要连写吗？

答：要看情况。表示一个整体概念的双音节和三音节结构连写。四音节及四音节以上表示一个整体概念的名称,若可以按词或词语内部的语音停顿进行划分,则按照划分成的片段分写;不能进行划分的全部连写。

例1:kèsī(缂丝)(双音节结构,连写)

例2:chángyòngcí(常用词)(三音节结构,连写)

例3:Zhōnghuá Rénmín Gònghéguó(中华人民共和国)(整体概念,按照词语分写)

109. 重叠词都要连写吗?

答:这也要分情况。单音节词重叠,连写;双音节词重叠,分写。重叠并列即AABB式结构,连写。

例1:rénrén(人人)(单音节词重叠,连写)

例2:yánjiū yánjiū(研究研究)(双音节词重叠,分写)

例3:shuōshuōxiàoxiào(说说笑笑)(AABB式结构,连写)

110. "非金属"的"非"、"孩子们"的"们",这种单音节的前附成分或后附成分要与其他词语连写吗?

答:连写。单音节前附成分(副、总、非、反、超、老、阿、可、无、半等)或单音节后附成分(子、儿、头、性、者、员、家、手、化、们等)与其他词语连写。

例1:fēijīnshǔ(非金属)(连写)

例2：fùzǒnggōngchéngshī（副总工程师）（连写）

例3：zhuōzi（桌子）（连写）

例4：jīnr（今儿）（连写）

例5：háizimen（孩子们）（连写）

111. "山上""空中"等名词与后面的方位词连写吗？

答：要看具体情况。名词与后面的方位词要分写；若名词与后面的方位词已经成词，则连写。

例1：shān shàng（山上）（未成词，分写）

例2：mén wàimian（门外面）（未成词，分写）

例3：tiānshang（天上）（已经成词，连写）

例4：hǎiwài（海外）（已经成词，连写）

112. 动词与后面的动态助词、宾语连写吗？

答：动词与后面的动态助词"着""了""过"连写；当句末的"了"兼做语气助词时，则分写；动词与所带的宾语要分写。

例1：kànzhe（看着）（动词与动态助词，连写）

例2：tǎolùn bìng tōngguòle（讨论并通过了）（动词与动态助词，连写）

例3：Zhè běn shū wǒ kàn le.（这本书我看了。）（句末的"了"兼做语气助词，与前面的动词分写）

例4：kàn xìn（看信）（动词与所带宾语，分写）

例5：jūle yī gè gōng（鞠了一个躬）（动宾式合成词中间插入其他成分的，分写）

113. 动词（或形容词）与后面的补语连写吗？

答：也要分情况来看。若动词（或形容词）与后面的补语都是单音节，则连写；其余情况分写。

例1：shútòu（熟透）（动词与补语均为单音节，连写）

例2：zǒu jìnlái（走进来）（补语为双音节，分写）

114. "蒙蒙亮""黑咕隆咚"这种形容词的前附或后附成分要连写吗？

答：单音节形容词与用来表示形容词生动形式的前附成分或后附成分，连写；形容词与后面的"些""一些""点儿""一点儿"，分写。

例1：mēngmēngliàng（蒙蒙亮）（形容词与前附成分，连写）

例2：hēigulōngdōng（黑咕隆咚）（形容词与后附成分，连写）

例3：kuài diǎnr（快点儿）（形容词与"点儿"，分写）

115. 代词与其他词语什么时候连写？什么时候分写？

答：人称代词、疑问代词与其他词语分写；指示代词"这""那"和疑问代词"哪"与后面的名词或量词分写，与后面的"点儿""般""边""时""会儿"连写;"各""每""某""本""该""我""你"等与后面的名词或量词分写。

例1:wǒ ài Zhōngguó.（我爱中国。）（人称代词与其他词语,分写）

例2:zhè zhī chuán（这只船）（指示代词与量词,分写）

例3:zhèdiǎnr（这点儿）（指示代词与"点儿",连写）

例4:mǒu gōngchǎng（某工厂）（"某"与后边的名词,分写）

116. 副词要与后面的词语分开写,是吗?

答:是的。副词要与后面的词语分写。

例1:hěn hǎo（很好）（分写）

例2:fēicháng kuài（非常快）（分写）

117. 虚词不能单独成句,如果与其他实词或语词连用,要分写还是连写?

答:虚词中的介词、连词、结构助词（"的""地""得""之""所"等）、语气助词、叹词和拟声词与其他词语分写;如果结构助词"的""地""得"前面的词是单音节的,也可连写。

例1：wèi rénmín fúwù（为人民服务）（介词与其他词语连用，分写）

例2：kūnjù hé píngtán（昆剧和评弹）（连词与其他词语连用，分写）

例3：cànlàn de wúwénhuà（灿烂的吴文化）（结构助词与其他词语连用，分写）

例4：Zhè shì wǒ de shū./Zhè shì wǒde shū.（这是我的书。）（结构助词前面的词是单音节的，可分写也可连写）

例5：Nǐ zhīdào ma?（你知道吗？）（语气助词与其他词语连用，分写）

例6：À! Zhēn měi!（啊！真美！）（叹词通常独立于句法结构之外，分写）

例7：xiǎoxī huāhuā de liútǎng.（小溪哗哗地流淌。）（拟声词与其他词语连用，分写）

118. 成语和其他熟语通常作为一个语言单位使用，它们是分写还是连写？

答：四字成语结构上可以分为两个双音节的，中间加连接号；结构上不能分为两个双音节的，全部连写。非四字成语和其他熟语按内部结构分写。

例1：fēngpíng-làngjìng（风平浪静）（可以分为两个双音节的成语，中间加连接号）

例2：céngchūbùqióng（层出不穷）（结构上不能分为

两个双音节的成语，全部连写）

例3：xùnléi bù jí yǎněr（迅雷不及掩耳）（非四字成语，按内部结构分写）

例4：xiǎocōng bàn dòufu——yīqīng-èrbái（小葱拌豆腐——一清二白）（歇后语，按照内部结构分写）

119. 汉语拼音能够拼写哪些人名？

答：中国人名包括汉语姓名和少数民族语姓名。汉语姓名按照普通话读音拼写。少数民族语姓名按照民族语，用汉语拼音字母音译转写，分连次序依民族习惯；音译转写法可以参照《少数民族语地名汉语拼音字母音译转写法》执行。笔名、字、号、艺名、法名、代称、技名、帝王名号等，按照正式姓名写法处理。

例1：Fàn Zhòngyān（范仲淹）（汉语人名按照普通话读音拼写）

例2：Lǔ Xùn（鲁迅）（笔名按照正式姓名写法处理）

例3：Qín Shǐhuáng（秦始皇）（帝王名号按照正式姓名写法处理）

120. 汉语人名多由姓和名两部分组成，拼写时姓在前还是名在前？

答：正式的汉语人名由姓和名两个部分组成。在拼写时，姓和名分写，姓在前，名在后，姓名之间用空格分开。

例：Táng Yín（唐寅）（姓和名分写，各部分开头字母大写）

121. 单姓和复姓姓名应如何拼写？

答：单姓即汉语中只有一个字的姓，如张、王、刘、李等。复姓即汉语中不止一个字（一般由两个汉字构成）的姓，如欧阳、司马等。在拼写时，复姓连写，姓和名的开头字母大写。

例1：Shěn Zhōu（沈周）（姓和名分写，各部分开头字母大写）

例2：Gù Yánwǔ（顾炎武）（姓和名分写，各部分开头字母大写）

例3：Ōuyáng Wén（欧阳文）（复姓部分连写，姓和名开头字母大写）

122. 双姓姓名应该如何拼写？

答：双姓即汉语中由两个姓（单姓或复姓）并列而成的姓氏组合，如郑李、欧阳陈、周东方等。由双姓组合（并列姓氏）作为姓氏部分，双姓中间加连接号，每个姓氏开头字母大写。

例1：Liú-Yáng Fān（刘杨帆）（双姓中间加连接号，每个姓氏开头字母大写）

例2：Dōngfāng-Yuè Fēng（东方岳峰）（双姓中间加连

接号，每个姓氏开头字母大写）

123. 人名与职务、称呼等如何拼写？"老""小"等与后面的姓、名排行又如何拼写？

答：人名与职务、称呼等，要分写；职务、称呼等首字母要小写。"老""小""大""阿"等与后面的姓、名、排行要分写，分写部分的首字母都要大写。

例1：Wáng bùzhǎng（王部长）（人名与职务分写，职务的首字母小写）

例2：Guóqiáng tóngzhì（国强同志）（人名与称呼分写，称呼的首字母小写）

例3：Xiǎo Liú（小刘）（"小"与后面的姓要分写，各部分首字母大写）

124. 汉语人名可以缩写吗？

答：在某些特定场合（如国际体育比赛等），人名可以缩写。汉语人名缩写时，姓全写，首字母大写或每个字母大写，名取每个汉字拼音的首字母，大写，后面加小圆点，声调符号可以省略。

例1：Lǐ Xiǎolóng（李小龙）缩写为：Li X. L. 或 LI X. L.

例2：Zhūgě Zhìchéng（诸葛志成）缩写为：Zhuge Z. C. 或 ZHUGE Z. C.

例3：Chén-Yán Ruòshuǐ（陈言若水）缩写为：Chen-

Yan R. S. 或 CHEN-YAN R. S.

125. 中文信息处理中的人名索引应该如何拼写？

答：中文信息处理中的人名索引，可以把姓的字母都大写，声调符号则省略。

例1：Wáng Jiànguó（王建国）拼写为：WANG Jianguo

例2：Shàngguān Xiǎoyuè（上官晓月）拼写为：SHANG-GUAN Xiaoyue

例3：Chén-Fāng Yùméi（陈方玉梅）拼写为：CHEN-FANG Yumei

126. 护照上的人名应该如何拼写？

答：公民护照上的人名，可以把姓和名的所有字母全部大写，双姓之间可以不加连接号，声调符号、隔音符号可以省略。

例1：Liú Chàng（刘畅）拼写为：LIU CHANG

例2：Zhōu Jiànjūn（周建军）拼写为：ZHOU JIANJUN

例3：Zhào-Lǐ Shūgāng（赵李书刚）拼写为：ZHAOLI SHUGANG

例4：Wú Xīng´ēn（吴兴恩）拼写为：WU XINGEN

127. 有些三音节以内的名字无法分出姓和名两部分，这种情况应该如何拼写？

答：三音节以内不能分出姓和名的汉语人名，包括历史上已经专名化的称呼，以及笔名、艺名、法名、神名、帝王年号等，须连写，并且开头字母要大写。

例1：Kǒngzǐ（孔子）（专称）

例2：Jiànzhēn（鉴真）（法名）

例3：Nézha（哪吒）（神仙名）

128. 有些四音节及以上的名字无法分出姓和名两部分，这种情况应该如何拼写？

答：四音节以上不能分出姓和名的人名，如代称、雅号、神仙名等，按语义结构或语音节律分写，各分开部分开头字母大写。

例1：Dōngguō Xiānsheng（东郭先生）（代称）

例2：Liùrú Jūshì（六如居士）（雅号）

例3：Tàibái Jīnxīng（太白金星）（神仙名）

129. 原来有惯用拉丁字母拼写法的中国人名，可以沿用拉丁字母拼写法吗？

答：出版物中常见的著名历史人物，港、澳、台人士，海外华侨及外籍华人、华裔的姓名，以及科技领域各科（动植物、微生物、古生物等）学名命名中的中国人名，原来有惯用的拉丁字母拼写法，必要时可以附在括弧或注释中。

130. 可以使用 YU 代替大写字母 Ü 吗？

答：可以。根据技术处理的特殊需要，必要的场合（如公民护照、对外文件和书刊等），大写字母 Ü 可以用 YU 代替。

例：Lǚ Hépíng（吕和平）拼写为：LYU HEPING

第六部分
公共服务领域译写类问答

苏苏：州州，你看这块标志牌！

州州："当心夹手"？

苏苏：对，你再看它的英文翻译呢？

州州:"Warning hands pinching."哈哈，这像是逐字翻译的，好奇怪啊！应该译成"Watch your hands"才对吧？

苏苏：嗯嗯。只要你留意，公共场所中这样的例子随处可见呢。

州州：是吗？那你再给我详细讲讲，在公共服务领域里还有哪些翻译问题需要注意。

苏苏：没问题。我们一起学习吧。

131. 公共服务领域进行英文译写时，可以不同时使用我国的规范汉字吗？

答：不可以。公共服务领域英文译写应符合我国语言文字法律法规的规定，在首先使用我国语言文字的前提下进行。

132. 党政机关名称的英文译写可以用于机关名称标牌吗？

答：不可以。党政机关名称的英文译写用于对外交流，不得用于机关名称标牌。

133. 公共设施的功能信息在不同场合需要采取不同的译法吗？

答：需要。

例："残障人士专用设施"的译法有以下两种（图9、图10）：

残疾人卫生间
Disabled Only

图9 "残疾人卫生间"英文译法1

注：采用此译法制作的标志设置于该设施所在位置，以提示"残障人士专用"。

残疾人卫生间
Accessible Toilet →

图10 "残疾人卫生间"英文译法2

注：采用此译法制作的标志用于指示设施名称及其所处的位置。

134. 直接关系生命财产安全、需要强令执行的事项可以使用什么英文单词翻译？

答：可以使用"must"翻译。

例："必须戴安全帽"可译作"Head Protection Must Be Worn"。

135. 应当如何翻译国道、省道、县道？

答：国道、省道、县道用英文解释时分别译作"National Highway""Provincial Highway""County Highway"；在指示具体道路时按照 GB/T 917 的规定执行，分别用"G+阿拉伯数字编号""S+阿拉伯数字编号""X+阿拉伯数字编号"的方式标示。

例1："312国道"可译作"National Highway 312"，标示为"G312"。

例2："227省道"可译作"Provincial Highway 227"，标示为"S227"。

例3："306县道"可译作"County Highway 306"，标示为"X306"。

136. 应当如何翻译旅游景区中的寺、庙、宫、观？

答：应当区分不同的情况，采取不同的翻译方法。佛教的寺，以及城隍庙、太庙等译作"temple"；清真寺译作"mosque"；道教的宫、观译作"Daoist temple"，在特指某一宫、观时，Daoist 可以省略。

例1："寒山寺"可译作"Hanshan Temple"，"定慧寺"可译作"Dinghui Temple"。

例2："太平坊清真寺"可译作"Taipingfang Mosque"，"太仓清真寺"可译作"Taicang Mosque"。

例3："玉皇宫"可译作"Yuhuang Temple"，"玄妙观"可译作"Xuanmiao Temple"。

137. 应当如何对景区中的亭、台、楼、阁、榭、阙等进行翻译？

答：旅游景区中的亭、台、楼、阁、榭、阙等与专名一起使用汉语拼音拼写。根据对外服务的需要，可以后加英文予以解释。

例1："飞瀑亭"可译作"Feipu Ting"。

例2："姑苏台"可译作"Gusu Tai"。

例3："丽景楼"可译作"Lijing Lou"。

例4："浮翠阁"可译作"Fucui Ge"。

例5："芙蓉榭"可译作"Furong Xie"。

138. 旅游景区中指示性的处所名词翻译时应当注意什么？

答：应当注意区分名词的单复数形式，并根据不同的情况进行翻译。可数名词在指示处所的标志里一般使用复数形式，用在指示实物的标志里一般用单数形式，泛指整个游览设施的名称不用复数。

例1："学生票购票窗口"可译作"Student Tickets"，"观光车乘坐点"可译作"Sightseeing Buses"。

例2："学生票"可译作"student ticket"，"观光车"可译作"sightseeing bus"。

例3："缆车"可译作"cable car"，"滑雪场缆车"可译作"ski lift"。

139. 生活中的文化场馆、娱乐场所和相关机构名称应该如何翻译？

答：博物馆、科技馆、纪念馆等均译作"museum"；展览馆、陈列馆等具有展示、陈列功能的场馆可译作"exhibition center"或"exhibition hall"；美术馆、艺术馆均译作"art gallery"或"art museum"，画廊直接译作"gallery"；电影院、电影厅、影都、放映公司及以放电影为主的影剧院均译作"cinema"，"影城"一般也译作"cinema"，特殊情况如规模特别大，或者有同名的电影院需要区分的可译作"cinema city"或"cineplex"；剧场、剧院、舞台、戏院、戏苑等均译作"theater"；社区文化（活动）中心译作"community cultural center"；文化宫的"宫"可以沿用"palace"。

例1："苏州青少年科技馆"可译作"Suzhou Science

and Technology Museum for Youth"。

例2："苏州高新国际会展中心"可译作"Suzhou Gaoxin International Exhibition Center"。

例3："苏州美术馆"可译作"Suzhou Art Museum"。

例4："橙天嘉禾影城"可译作"OSGH Cinemas"。

例5："苏州市第二工人文化宫"可译作"Suzhou No. 2 Workers' Cultural Palace"。

140. 文物的级别应该如何翻译？

答：文物的级别可采用"序数词+grade"的方法译写，也可采用"grade+基数词"的方法译写。

例："一级文物"可译作"first grade cultural relic"或"grade one cultural relic"。

141. 体育场应如何翻译？

答：要看具体情况而定。包括观众席在内的整个体育场译作"stadium"；面积较大，可用于足球、橄榄球、曲棍球、田径等比赛和训练的场地译作"field"；面积较小，仅用于篮球、网球等比赛和训练的场地译作"court"。

例1："足球场"可译作"football field"或"soccer field"。

例2："篮球场"可译作"basketball court"。

142. 水上运动场馆是否也要结合具体情况进行翻译呢？

答：是的。可用于游泳、跳水、水球等项目比赛训练的大型室内游泳场馆译作"natatorium"，一般的游泳池译作"swimming pool"或"indoor swimming pool"。

143. 中小学可以用"school"翻译吗？

答：可以，但具体有别。中学译作"middle school"，初中译作"junior middle school"，高中译作"senior middle school"或"high school"，职业高中、中等专业或职业学校均译作"vocational school"；小学译作"primary school"；含小学和初中的九年一贯制学校直接译作"school"；特殊教育类学校译作"special school"或"special education school"。

例1："苏州市田家炳实验初级中学"可译作"Suzhou Tianjiabing Experimental Middle School"。

例2："江苏省苏州中学"可译作"Soochow High School of Jiangsu Province"。

例3："苏州高等职业技术学校"可译作"Suzhou Higher Vocational School"。

例4："金鸡湖学校"可译作"Jinji Lake School"。

例5："相城区特殊教育学校"可译作"Xiangcheng Special Education School"。

144. 高等院校都可以翻译成"university"吗？

答：不是的，要分不同情况。规模较大的综合性大学译作"university"。规模较小的学院应区分不同的性质采取不同的译法：通常译作"college"或"school"，专科性较强的译作"institute"，艺术类学院及研究性教育机构译作"academy"，职业技术学院译作"polytechnic college"或"vocational and technical college"。

例1："苏州大学"译作"Soochow University"。

例2："苏州幼儿师范高等专科学校"可译作"Suzhou Early Childhood Education College"。

例3："常熟理工学院"可译作"Changshu Institute of Technology"。

例4："苏州书院"可译作"Soochow Academy"。

145. 教育机构通名的修饰成分可以放在通名之后吗？

答：要看具体情况。通名的修饰或限定成分需译成两个及以上英文单词时，一般置于通名之后，用介词"of"或"for"连接；修饰或限定成分只有一个英文单词时，可以置于通名之前。

例1："苏州科技大学"可译作"Suzhou University of Science and Technology"。

例2："苏州城市学院"可译作"Suzhou City University"。

146. 译写较大规模的门诊部、急诊部和住院部可以采用复数吗？

答：可以。

例："门诊部"可译作"outpatient departments"。

147. 门诊部、急诊部及其分科诊室名称中的"department"在什么情况下可以省略，什么情况下应当译出？

答：门诊部、急诊部及其分科诊室名称中的"department"在标志用于指示处所时可以省略，但在标志用于指示方位时应当译出。

例："血液科"可以译作"hematology"（在设置于血液科诊室门口的标志中可以省略"department"）、"hematology department"（在设置于候诊区域指示血液科诊室所处方位的标志中应完整译出）。

148. 针对特殊疾病或特殊需求而设立的不同种类的门诊英文译作什么？可以省略吗？

答：译作"clinic"，不可以省略。

例1："发热门诊"可译作"fever clinic"。

例2："专家门诊"可译作"expert clinic"。

149. 我国常见的邮政电信机构名称的英文译写有哪些？

答：邮政局译作"post office"，邮政支局译作"branch

post office",邮政代办所译作"postal agency",邮政、电信的营业网点、窗口服务机构均可译作"customer service center"。

例:"中国电信营业厅"可译作"China Telecom Customer Service Center"。

150. 将餐饮住宿类服务场所和机构名称译写为英文时,中文名称中含有"阁""轩""府""坊""村""廊"等字的,应该如何处理?

答:中文名称中含有"阁""轩""府""坊""村""廊"等字的,视作专名的一部分,连同专名一起用汉语拼音拼写。

例1:"蛮好阁"可译作"Manhaoge Restaurant"。
例2:"莫厘轩"可译作"Molixuan Restaurant"。
例3:"苏泽府"可译作"Suzefu Restaurant"。

151. 宾馆,提供住宿的酒店、饭店,以及经济型的连锁旅馆都译作"hotel"吗?

答:不是。宾馆以及提供住宿的酒店、饭店等译作"hotel",经济型的连锁旅馆可译作"motel"或"inn"。

152. 与商业场所相关的名称应该如何翻译?

答:主要功能为购物、餐饮和商业活动的大型场所或大楼、大厦译作"plaza"。集购物、休闲、娱乐、餐饮等于一体，包括百货店、大卖场以及众多专业连锁零售店在内的商业中心译作"shopping mall"或"shopping center"。

例1："环球188广场"可译作"Global 188 Plaza"。

例2："天虹购物中心"可译作"Rainbow Shopping Mall"或者"Rainbow Shopping Center"。

153. 只针对货品进行分类销售，不具有休闲娱乐等多种功能的较小规模的商店、店铺应译作"store"还是"shop"？

答：除了"barber shop"等习惯用法或固定搭配之外，通常情况下，"store"和"shop"可以互换使用。专卖店采用"品牌名+Store"或"品牌名+Shop"的体例译写，"Store"或"Shop"也可省略。

154. 银行等金融机构的名称应该如何翻译？

答：银行译作"bank"，银行的分行译作"branch"，支行译作"sub-branch"，营业部译作"banking center"或"banking department"。保险、证券、期货、财务管理与服务类的"公司"译作"company"或"corporation"。通常情况下，"company"和"corporation"可以互换使用，具体可根据"名从主人"的原则选择使用。

例1："苏州银行"可译作"Bank of Suzhou"。

例2："江苏银行苏州分行营业部"可译作"Bank of Jiangsu Suzhou Branch Banking Department"。

例3："中国人寿保险股份有限公司"可译作"China Life Insurance Company Limited"。

155. 公共服务领域里，日文汉字和假名的书写应符合什么样的规范？

答：日文汉字一律不标注读音，假名的使用以最少化为原则。

例1：医务室可译作"医務室"，休息室可译作"休憩室"。

例2：员工电梯本应译作"職員専用エレベーター"，其中后面的假名"エレベーター"可以省略。